LES

CINQ MILLIARDS

PAYÉS

SANS EMPRUNT

Le vrai peut quelquefois n'être pas vraisemblable.

Prix : 20 centimes

PARIS

ARMAND LE CHEVALIER, ÉDITEUR

61, RUE DE RICHELIEU, 61

Avril 1871

LES

CINQ MILLIARDS

PAYÉS

SANS EMPRUNT

L'indemnité de cinq milliards que l'Allemagne a imposée à la France a tous les caractères de l'ancienne rançon des barbares.

Jusqu'à présent les peuples civilisés avaient cru à l'existence de lois internationales, et ils pensaient que la guerre elle-même était soumise à ces lois.

L'Allemagne a montré combien sont grandes les illusions de ceux qui ont cru à un certain adoucissement dans les mœurs des hommes qui font la guerre.

Le grand axiome du peuple allemand est que *la force prime le droit.*

La guerre, pour ces philosophes aux blonds cheveux, est le moyen d'acquisition par excellence, et la victoire est un droit qui fait passer en leur possession les biens et les personnes des vaincus. Ils sont chez eux dans les villes qu'ils occupent et ce sont les habitants spoliés qui sont leurs obligés s'il leur plaît de ne point les dépouiller complétement.

En fait de guerre, nous voilà ramenés à la barbarie des temps primitifs.

L'indemnité de cinq milliards est le prix que les Allemands ont mis au rachat de la partie de la France qu'ils occupent et qu'ils ne veulent pas s'approprier.

Il est évident que cette rançon a un caractère essentiellement national et que tous les Français sont tenus au payement des cinq milliards, chacun suivant ses moyens, comme en matière d'impôts.

L'indemnité allemande étant une dette personnelle pour chaque Français, nul ne sera fondé à se plaindre des moyens employés par le gouvernement pour arriver au payement de cette dette, si ces moyens sont honnêtes, et s'ils ne viennent pas aggraver la position des individus et celle de la nation.

Pour se procurer une somme aussi considérable, le gouvernement peut ou contracter un emprunt de cinq milliards, ou bien exiger des individus qui composent la nation française, à titre de contribution, le payement de leur quote-part dans le montant de la rançon allemande.

Dans le premier cas, la nation aura à payer chaque année une somme représentant l'intérêt du montant de l'emprunt et son amortissement dans un délai déterminé.

Dans le deuxième cas, la nation se sera libérée immédiatement en se privant d'un capital égal à cinq milliards de francs.

Pour apprécier la charge annuelle que l'emprunt

fera peser sur la France, il est nécessaire de connaître le taux de l'intérêt de l'emprunt.

Le prix actuel de la rente de 3 p. 100 est d'environ cinquante francs ; si l'État ouvre de nouveau le grand-livre de la dette publique pour inscrire à son passif un chiffre aussi monstrueux que celui de cinq milliards, il est peu probable que cette émission subite de rente à 3 p. 100 ait comme résultat de faire monter le cours de la rente.

Il faut donc considérer que l'emprunt est impossible au pair. Au taux actuel, le 3 p. 100 représente 6 p. 100 de rente.

Si l'on admet que l'emprunt de cinq milliards puisse être contracté à 5 p. 100, frais de négociation compris, on aura fait la supposition la plus favorable eu égard au temps actuel.

Le taux de l'amortissement dépend du nombre d'années au bout desquelles on veut que le capital soit représenté et de l'intérêt produit par l'annuité d'amortissement.

En fixant le taux de l'amortissement à 2 p. 100 du capital et en supposant l'intérêt à 3 p. 100, chiffre auquel l'État peut rembourser ses rentes, le capital se trouve reproduit au bout de trente et un ans.

Dans cette hypothèse, la nation aurait à supporter une charge annuelle de trois cent cinquante millions pendant trente et un ans.

Une semblable annuité venant peser sur un budget aussi obéré que celui de la France, équivaut à une impuissance complète et à une catastrophe au bout d'un certain nombre d'années.

En effet, avant la guerre les arrérages de la dette

publique s'élevaient au chiffre de cinq cent millions. Les charges de toute nature qui pèsent sur la France, par suite de la guerre qu'elle vient de traverser, ne peuvent pas être évaluées à un chiffre moindre que la rançon allemande elle-même. Si l'on joint ensemble l'intérêt et l'amortissement qu'il faudra payer chaque année pour représenter cette somme, les arrérages de la dette avant la guerre et enfin ceux de la rançon allemande, on arrive à une charge annuelle de douze cent millions de francs.

On comprend difficilement comment la nation pourrait se mouvoir avec un budget qui serait grevé d'une charge aussi écrasante.

La France ne peut plus emprunter sans danger, parce que les arrérages de sa dette ajoutés à ses dépenses obligatoires dépassent son revenu.

Pendant la paix, ce grand pays, poussé par le mauvais génie qui a présidé à ses destinées pendant vingt années, a dilapidé ses ressources financières.

Il a escompté l'avenir pour suffire aux prodigalités du moment ; mais l'avenir lui fait défaut, et au lieu d'y trouver le Pactole, il a rencontré l'Allemagne qui l'a écrasé par une guerre désastreuse et qui lui demande encore une indemnité de cinq milliards.

Il est temps que la France fasse un retour sur elle-même et prenne ses malheurs au sérieux.

A force de parler de milliards, la population ne se rend pas compte de ce que c'est qu'un milliard ; elle se familiarise avec le mot parce qu'il ne lui a pas été donné d'apprécier ce qu'il représente.

Il faut que la nation sache que l'Allemagne lui demande aujourd'hui plus d'argent qu'elle n'en a probablement en circulation.

Cependant il est nécessaire qu'elle se procure cet argent en se privant de tout ce qui ne lui est pas d'une nécessité absolue, et qu'elle rejette l'emprunt comme un bandeau qu'on voudrait lui mettre sur les yeux pour l'empêcher de voir sa ruine.

Les moyens qui vont être proposés pour réunir l'indemnité de cinq milliards n'imposeront pas de lourds sacrifices au pays, mais ils demandent que les individus rompent violemment avec l'esprit de routine dont ils sont pénétrés. Ces moyens peuvent être considérés comme un appel au bon sens du peuple pour qu'il trouve en lui-même la possibilité de réparer ses ruines.

Il n'est pas certain que nous ayons en France assez de numéraire pour réunir la rançon que les Allemands nous ont imposée.

Le total des monnaies fabriquées en France, suivant le système décimal, est de treize milliards environ.

Napoléon III a frappé à son effigie plus de six milliards et demi de monnaie d'or et d'argent, ce qui fait supposer que cette quantité de monnaie a dû exister simultanément, car généralement un souverain ne fait pas refondre sa propre monnaie dans des proportions bien considérables.

Si l'on considère la position économique de la France par rapport aux autres États, on constate qu'elle exporte plus de produits qu'elle n'en importe.

La France est un pays essentiellement producteur, elle vend à l'étranger plus de marchandises qu'elle n'en achète.

La monnaie ne peut donc pas lui faire défaut pour

son commerce extérieur puisque, par son mouvement commercial, elle en introduit plus qu'elle n'en livre.

De même, la masse de numéraire nécessaire à la circulation intérieure ne peut pas avoir varié sensiblement par suite de la position de son commerce avec les autres nations.

Il est donc à présumer que l'on pourrait trouver assez de numéraire en France pour payer les cinq milliards.

Sans doute cette supposition est discutable puisque certains économistes évaluent la circulation monétaire de la France à un chiffre beaucoup moindre, à trois milliards environ.

Mais cette dernière assertion ne repose sur aucune base précise. Elle s'appuie sur des analogies de situation qui sont contredites par les habitudes mêmes des Français qui ont toujours considéré la monnaie en métal comme leur seul instrument d'échange.

Si la France possède assez de numéraire pour payer les cinq milliards de rançon, le problème de sa libération immédiate peut être facilement résolu, si l'on peut faire sortir de la circulation une somme aussi considérable sans altérer les forces productives de la nation et sans troubler ses moyens d'échange.

La monnaie-métal est un moyen d'échange qui renferme en lui-même une valeur intrinsèque équivalente à celle de l'objet dont elle est le prix.

La monnaie-papier est également un moyen d'échange qui représente une valeur fiduciaire équivalante à celle de l'objet dont elle est le prix.

Sous le rapport économique il n'y a pas de différence entre la monnaie-métal et la monnaie-papier lorsque ces deux monnaies portent en elles-mêmes une valeur intrinsèque et une valeur fiduciaire égales.

Une obligation au porteur munie d'une signature indiscutable a autant de valeur pour celui qui la reçoit en payement et qui connaît le signataire que la somme qu'elle représente, et si beaucoup d'individus connaissent le signataire de cette obligation, ils n'hésiteront point à se servir de cette obligation comme un moyen d'échange entre eux, c'est-à-dire comme monnaie.

C'est ce qui arrive journellement pour les billets de banque dont le cours s'est tellement généralisé en France qu'en temps ordinaire ils sont préférés à la monnaie-métal comme étant d'une circulation plus facile.

Ceci étant posé, il est évident que, s'il est possible de trouver pour la France cinq milliards de monnaie-papier ayant une valeur fiduciaire égale à cinq milliards de monnaie-métal, il n'y aura qu'à substituer cette première à la dernière pour rendre disponible la valeur intrinsèque du métal qui sert de monnaie aux Français dans leurs transactions entre eux.

La monnaie-métal est un moyen d'échange qui immobilise une valeur matérielle, la monnaie-papier est un moyen d'échange qui n'immobilise rien et qui porte en lui-même une valeur fiduciaire égale à la valeur intrinsèque de la monnaie-métal.

La substitution de l'une à l'autre peut permettre de fournir très-promptement aux Allemands les cinq milliards de francs qu'ils nous ont imposés, si la France emploie comme moyen d'échange à l'intérieur cinq milliards de monnaie-métal.

Le moyen le plus sûr de faire sortir le numéraire de la circulation est d'intéresser les Français au remplacement de ce numéraire par le papier-monnaie.

Il n'est pas douteux que la rançon allemande est une dette personnelle que tous les individus qui composent la nation française doivent acquitter sous peine de se voir exposés aux malheurs qu'ils ont voulu éviter en acceptant la paix du vainqueur.

Rien n'est donc plus légitime que la répartition immédiate de cette rançon entre tous les individus qui doivent contribuer à son payement suivant leurs moyens comme en matière de contributions.

Mais il peut se faire que les sacrifices imposés aux individus par le payement de l'indemnité de cinq milliards excèdent leurs forces ; dès lors il est nécessaire que les communes, les départements et l'État qui représentent les intérêts collectifs des individus interviennent pour leur faciliter les moyens de supporter cette charge.

La répartition de l'indemnité de cinq milliards étant faite entre les départements, les communes et finalement entre les individus, voici comment il serait possible de permettre à ces derniers de payer leur part de contribution dans l'indemnité allemande en allégeant singulièrement leur fardeau.

Chaque commune serait autorisée à émettre du papier-monnaie pour une somme égale à la contribution des individus qu'elle représente.

Ce papier-monnaie serait semblable pour toute la France et dans ses subdivisions et dans sa forme ; il ne contiendrait de signes distinctifs que les noms des communes et des départements dont chaque série d'émission représenterait la dette ; il serait fabriqué sous le contrôle de l'État et suivant les procédés en usage pour le mettre à l'abri de la falsification.

L'Assemblée nationale établirait par une loi le cours légal de cette monnaie fiduciaire.

Munies de ce papier-monnaie les communes rembourseraient aux individus le montant du numéraire ou des autres valeurs qu'ils auraient versés pour l'acquit de leur contribution dans l'indemnité allemande.

Mais, pour que ce papier-monnaie soit un instrument d'échange, il faut nécessairement qu'il porte en lui une valeur fiduciaire égale à celle qu'il représente.

Pour lui donner cette valeur les biens des communes ainsi que les biens des départements seraient affectés à la garantie du papier communal. En outre, des centimes additionnels seraient imposés aux communes pour arriver au remboursement ou à la représentation en valeur de ce papier-monnaie dans un délai déterminé.

La monnaie fiduciaire communale aurait donc comme garantie, les biens des communes, ceux des départements et même les biens et le travail des particuliers par suite de la nécessité de son remboursement dans un temps déterminé au moyen de l'impôt.

Comme on le voit, la valeur fiduciaire de cette monnaie est indiscutable au point de vue des garanties matérielles qui la protégent, et au point de vue des personnes pour lesquelles elle devient un instrument d'échange, puisque ce sont ceux-là mêmes qui pourraient discuter sa valeur, qui sont appelés à la rembourser par l'impôt. Elle peut donc être considérée comme réunissant les conditions essentielles de la monnaie en général.

En conséquence, sa substitution à la monnaie-métal permet de payer, avec cette dernière, l'indemnité de

cinq milliards sans apporter de trouble dans le mouve=
ment de nos échanges, puisque la France s'est procuré
un nouvel instrument d'échange aussi parfait que celui
dont elle s'est privée.

Au point de vue de l'économie politique internatio-
nale, la substitution du papier-monnaie à la monnaie-
métal dans un pays aussi considérable que la France et
l'accumulation en Allemagne d'une masse de numéraire
de cinq milliards ne seraient pas sans exercer une cer-
taine influence sur la valeur même du numéraire.

Cette perturbation dans l'équilibre de la monnaie
serait tout à l'avantage de la France, puisqu'elle lui
permettrait de rétablir son encaisse métallique en frap-
pant d'une dépréciation immédiate le numéraire dont
elle a été obligée de se dessaisir.

Pour arriver à reconstruire le capital des cinq milliards de papier-monnaie en circulation, la France a
deux moyens.

Elle peut se procurer du numéraire en échange du
produit des centimes additionnels communaux affectés
chaque année à l'amortissement du papier-monnaie, ou
bien elle peut laisser en circulation le même chiffre de
papier-monnaie et employer les centimes additionnels
à acquérir quelque chose qui soit bien réellement la
contre-valeur de ce papier-monnaie, et qui, de plus, soit
susceptible de revenu.

Il est évident que la dernière combinaison sera pré-
férable à la première, parce que la valeur acquise étant
susceptible de revenu, ce revenu, en s'ajoutant à la
somme consacrée à l'amortissement, rendra ce dernier
plus rapide et moins onéreux.

Les rentes sur l'Etat se présentent naturellement

comme devant fournir aux communes le meilleur emploi des centimes additionnels affectés à l'amortissement de leur papier-monnaie; car, en acquérant ces rentes, les communes éteignent leurs propres dettes et, par conséquent, celles des individus qu'elles représentent.

Personne, en effet, n'ignore que ce sont les communes et finalement les individus qui sont tenus au payement des dettes de l'État.

En fixant le taux de l'amortissement à 2 p. 100, la charge annuelle de la France serait de cent millions; en employant cette somme à acheter des rentes de 3 p. 100 au pair, le capital de cinq milliards peut être reproduit en trente et un ans.

Au bout de trente et un ans, les communes, par l'emploi, en rentes sur l'État, des centimes additionnels fixés pour l'amortissement de leur papier-monnaie, se trouveront avoir en leur possession cinq milliards en rente.

Elles pourront demander à l'État le maintien de leur papier-monnaie dans la circulation, à charge par elles d'amortir les cinq milliards de rentes qu'elles auront acquises. Dans ce cas, les communes permettront de réaliser sur le budget de l'État une économie de cent cinquante millions par an.

Si, au contraire, les communes veulent retirer leur papier-monnaie de la circulation et revenir à la monnaie-métal, les cinq milliards de rente seront employés à l'acquisition de cinq milliards de numéraire.

Ce sera l'immobilisation inutile d'un revenu de cent cinquante millions de francs, et il est peu probable que la nation, instruite par l'expérience du véritable rôle de la monnaie, consente à un semblable sacrifice pour se procurer un instrument d'échange aussi coûteux que la monnaie en métal.

Si, pour le maintien de leur papier-monnaie dans la circulation, l'État continue à imposer aux communes l'obligation de l'amortissement par l'acquisition de rentes sur l'État, comme il a été dit ci-dessus, la dette publique de la France pourra être promptement éteinte par le jeu naturel de ce système.

L'amortissement de la dette publique serait alors confié aux communes, et, pour le rendre plus efficace, les rentes à acquérir seraient déclarées inaliénables au fur et à mesure de leur acquisition.

En résumé, le moyen proposé pour fournir aux Allemands les cinq milliards de francs d'indemnité qu'ils ont imposés à la France, consiste à remplacer dans notre pays la monnaie en métal par une monnaie fiduciaire qui ait la même valeur et soit indiscutable.

Et pour arriver à ce résultat, les communes et les individus sont laissés aux prises avec la dette qui leur incombe en raison de la guerre avec l'Allemagne, et l'État n'intervient que pour faciliter le payement de cette dette.

Par cette combinaison, les individus qui pourraient discuter le papier-monnaie des communes sont ceux-là mêmes qui sont appelés à le rembourser.

Il reste à savoir si l'intérêt sera un stimulant assez puissant pour triompher de la routine; mais, dans la situation, le doute n'est pas permis, puisqu'il s'agit pour les individus de choisir entre un mode de payement qui les ruine à jamais et un mode de payement qui leur permet de remplacer par un équivalent ce dont ils étaient tenus de se priver.

Si cette combinaison était adoptée, la charge annuelle de cent millions pendant trente et un ans pourrait être transformée en un moyen d'amortissement de la dette publique par les communes.

Cette intervention des communes en matière de finances serait un grand pas de fait dans la voie de la décentralisation.

Ce serait l'affirmation de la vie politique des communes et des départements et un premier exemple du rôle actif qu'ils sont appelés à jouer dans l'État.

Sans doute cette vie politique se trouverait inaugurée à l'occasion d'une grande catastrophe nationale; mais il n'y aurait pas lieu de trop s'en plaindre si les communes, se dressant vis-à-vis de l'État, signalent leur transformation en payant elles-mêmes la dette publique que les gouvernements de centralisation ont été impuissants non-seulement à éteindre, mais encore à arrêter dans son développement excessif.

Paris, 4 avril 1871.

Paris. Typ. Rouge et Comp., rue du Four-Saint-Germain, 43.